EL MAPA DEL FLUJO DE VALOR

Los secretos de la herramienta clave del Lean Manufacturing

Por Johann Dumser

Traducido por Marina Martín Serra

Economía y empresa   en50MINUTOS.es

LAS CLAVES PARA EL ÉXITO

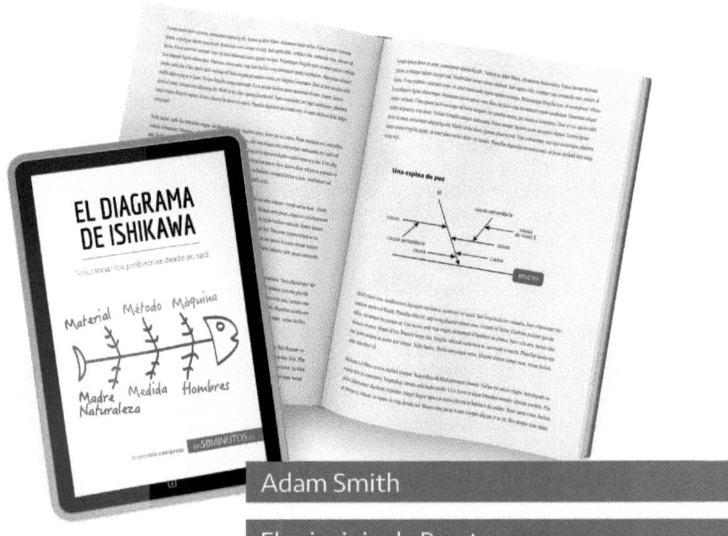

Adam Smith

El principio de Pareto

El estrés laboral

La pirámide de Maslow

www.en50minutos.es

EL MAPA DEL FLUJO DE VALOR

- **¿Denominaciones?** Mapa del flujo de valor, VSM, *Value Stream Mapping*, Mapeo de cadena de valor.
- **¿Utilidad?** Este flujo por escrito, que engloba todos los procesos en acción —incluyendo la producción y la gestión—, invita al usuario a tomar distancia con respecto al flujo de trabajo actual y a reorganizarlo para aumentar su eficacia: análisis de mejora de procesos, ingeniería de los procesos, mejora continua.
- **¿Por qué es eficaz?** En los sectores de la industria y de los servicios o en consultoría, esta completa herramienta de cartografía permite visualizar y comprender las diferentes acciones realizadas (por una empresa o un particular) entre el momento en el que el consumidor hace una petición y el momento en el que recibe el producto o el servicio que responde a su petición inicial.
- **¿Palabras clave?**
  - <u>Mejora continua</u>: lograr que el rendimiento de una empresa mejore a través de la integración regular de pequeñas mejoras.
  - <u>Cartografía</u>: representación del funcionamiento de un organismo bajo la forma de mapa. Permite visualizar los procesos y sus interacciones.
  - <u>Cadena de producción de valor</u>: sucesión cronológica de las etapas de la producción de un producto o servicio.
  - <u>Kaizen</u>: planteamiento de la gestión de la calidad mediante una mejora continua.
  - <u>*Lead time*</u>: plazos de producción o de ejecución.

- *Lean management*: el término inglés *lean* significa «delgado», «sin grasa», o incluso «desgrasado». En efecto, este tipo de gestión moviliza a todos los trabajadores para eliminar el desperdicio, fuente de ineficacia y de disminución del rendimiento de la empresa. En el mismo orden de ideas, el *Lean Manufacturing* se puede traducir como «producción ajustada», desprovista de etapas inútiles.
- *Lean thinking*: metodología de empresa que tiene por objetivo proporcionar una nueva forma de pensar. Este tipo de gestión empuja a las personas que lo utilizan a analizar cómo organizar las actividades humanas para aumentar los beneficios y valorizar a los individuos mediante un planteamiento de eliminación del desperdicio.
- Estrategias *pull* y *push*: se trata de proponerle el producto al cliente (*pull*) o dar lo que el cliente pide (*push*).

Ya sea en periodo de crisis o de crecimiento, para una empresa siempre resulta primordial hacerse una idea precisa de los flujos de productos, así como de sus canales de comunicación asociados. Esta reflexión debe extenderse al conjunto del proceso de fabricación de cada producto, para que sea lo más eficiente posible a nivel de su funcionamiento.

Puesto que las compañías —empresas emergentes, pymes o grandes empresas— buscan crear un máximo de valor, el planteamiento del *Lean* es muy apreciado, ya que se trata de un método de eliminación sistemática del desperdicio en los procesos de fabricación.

Vamos a plantearnos preguntas (cada uno a su escala) sobre la empresa en la que evolucionamos, así como sobre la forma en la que llevamos a cabo las distintas acciones en ella. Aunque es importante —o incluso esencial— poder cuestionar nuestro trabajo de forma sistemática y regular, tenemos que darnos cuenta también de que a menudo lo que causa más problemas no es lo que ignoramos, sino lo que, equivocadamente, creemos que es cierto.

Siguiendo esta lógica, se han implementado algunas unidades —las Project Offices— en especial en los grandes grupos internacionales: tienen la misión de armonizar el lenguaje utilizado en los distintos departamentos y de coordinar los proyectos para favorecer la mejora continua. De estas sinergias concertadas y constructivas emerge una metodología única: entonces, se invita a cada empleado del grupo a que adopte un lenguaje claro y común en las distintas iniciativas llevadas a cabo que tienen como objetivo la mejora significativa del valor para el cliente final.

Para seguir siendo competitivos —es decir, obtener una calidad mejor, un coste de producción menor o un ciclo de producción más rápido—, una organización elegirá entre las muchas técnicas que tiene a su disposición. El VSM, o el «mapeo de la cadena de valor», forma parte de ellas y se encuentra a la cabeza del montón de herramientas más eficientes del *Lean* puesto que, de forma consciente, hace destacar las zonas de mejora o de oportunidades con la ayuda de un simple dibujo.

DEFINICIÓN DEL VSM

El mapa del flujo de valor consiste en representar gráficamente las operaciones, los flujos de información y los procesos de los datos en juego.

Complementariedad de los flujos de materias y de información

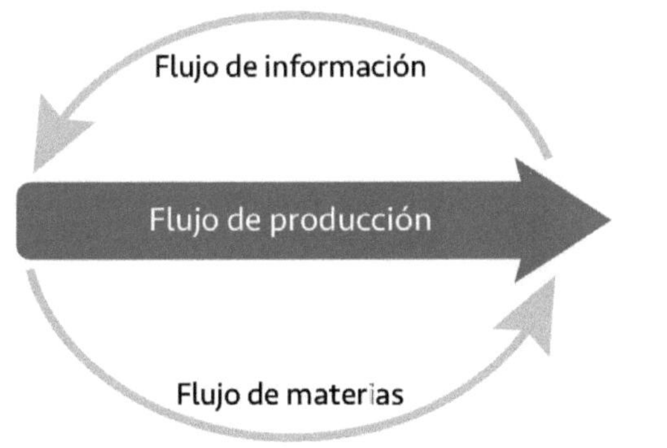

Proporciona una visión realista de las operaciones en el terreno y no como prevén los procedimientos. El uso de un VSM se hace siempre en el marco de un análisis de los procesos de una empresa, que puede ser requerido por la dirección, un responsable de operaciones o un responsable de calidad para ganar eficacia, o incluso pueden proponerlo prestatarios (consultor en mejora) para revelar campos de oportunidades desconocidos en ese momento.

En un escenario ideal, sería necesario que se impusiera un

control —o revisión si es necesario— para cada modificación del proceso, con el objetivo de comprobar la pertinencia de un cambio en el flujo de trabajo.

El desperdicio según Taiichi Ohno

Taiichi Ohno (ingeniero y hombre de negocios japonés, 1912-1990), considerado el padre fundador del Sistema de Producción Toyota, identifica siete fuentes de desperdicio (*muda* en japonés) en su obra *Toyota Production System: Beyond Large-Scale Production* (19-20)[1]:

- **la sobreproducción (*overproduction*)**, que corresponde a una producción más temprana, más rápida o más abundante con respecto a lo que había pedido el cliente;
- **el inventario (*inventory*)**, que incluye el almacenaje de las materias primas, de productos que se están produciendo o de productos acabados;
- **las esperas (*waiting*)**, que designa el tiempo de espera de las personas o de las piezas a lo largo de un ciclo de producción;
- **los movimientos innecesarios (*movement*)**, que son los movimientos inútiles de personas o de materias en el seno de un proceso de fabricación (desplazamiento de los operarios);
- **el transporte (*transportation*)**, que es el transporte inútil de personas o de unidades entre los

---

1. Traducido por 50Minutos.es

procesos de fabricación (desplazamiento de los objetos);

- **los productos defectuosos (*defective products*)**, que incluyen las unidades defectuosas, los defectos, las repeticiones o correcciones del procedimiento;
- **el sobreprocesamiento (*extra processing*)**, que es el tratamiento más allá del nivel solicitado por el cliente;
- **utilización de las personas (*non utilized talent*)**, que corresponde a las competencias que no se utilizan o que se emplean mal, sobre todo a causa de una falta de formación y de flexibilidad del personal.

TEORÍA Y PRESENTACIÓN DEL CONCEPTO — VSM, HERRAMIENTA CLAVE DEL *LEAN*

EL VSM Y LA CREACIÓN DE VALOR

Para descubrir el concepto del modelo VSM, detallaremos primero sus tres componentes: el valor (*value*), el proceso (*stream*) y la cartografía (*mapping*).

Valor (*value*)

La cadena de valor, presentada en 1985 por Michael Porter (profesor de estrategia de empresa estadounidense, nacido en 1947), busca producir una ventaja competitiva para el valor. Se basa en el análisis de los procesos internos y de los procedimientos de una empresa. Así, toda acción en la cadena debe conducir a una creación de valor que percibe (satisfacción) el cliente final, lo que se traduce en un aumento del volumen de negocios para la empresa. Si el término «valor» remite a una estimación de lo que los clientes están dispuestos a gastar para obtener un producto o beneficiarse de un servicio, las acciones representadas en el VSM pueden denominarse «con valor añadido» o «sin valor añadido».

- **Las actividades con valor añadido** son las que aumentan el valor (mercantil o funcional) del producto a ojos del cliente, es decir, aquellas para las que el cliente está dispuesto a pagar.
- **Las actividades sin valor añadido** son aquellas que no le aportan valor al producto, es decir, fuentes de desper-

dicio. Incluso si todos los directivos buscan eliminarlas, algunas no pueden evitarse (salvo si se realizan importantes inversiones).

El objetivo del VSM es detectar los problemas que hacen que el tiempo dedicado a la creación de valor añadido sea muy poco en relación con el conjunto de las horas previstas para realizar un trabajo (*Lead Time* o tiempo de ejecución). Es necesario definir cuáles son las mejoras que hay que aportar al conjunto del proceso, para aumentar su proporción de creación de valor.

Modalidad de acción de diferentes métodos de mejora

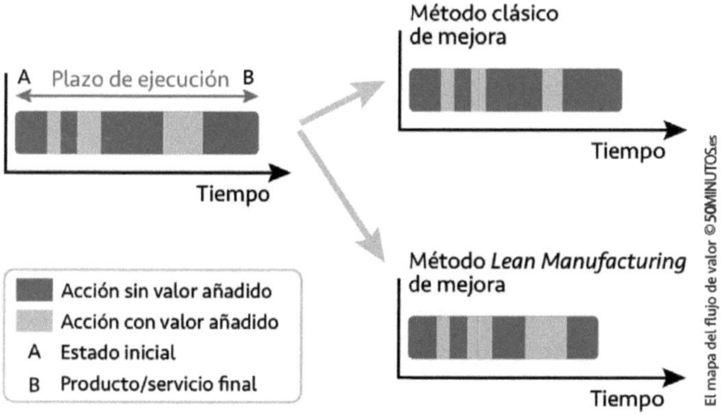

Proceso (*stream*)

El VSM informa de todas las acciones de la cadena de elaboración de un producto o de un servicio, haciéndolo pasar del estado inicial (A) a la propuesta de valor (B). Está formado por secuencias de procesos dispuestos en función de una línea del tiempo que corresponde al *Lead Time*, es decir, el plazo de ejecución (A-B).

Existen tres categorías de procesos que pueden ser revisados por un VSM:

- **los procesos piloto** (gestión, estrategia, calidad, medioambiente, seguridad, finanzas, etc.);
- **los procesos operativos** (fabricación, concepción, desarrollo, expedición, etc.);
- **los procesos de soporte** (compras, recursos humanos, etc.).

Cartografía (*mapping*)

La cartografía es un medio simple y claro para visualizar el funcionamiento de una empresa (en la fabricación de un producto o la elaboración de un servicio). Esta herramienta se inscribe en el trabajo de conjunto, y no de una sola parte aislada. Por consiguiente, el análisis no se realiza al nivel de una máquina en el interior de una cadena de producción, sino al del proceso del conjunto de esta.

Toda cartografía tiene que codificarse siempre, mediante el uso de pictogramas, y tiene que ejecutarse respetando los estándares para que los diferentes grupos puedan comprenderla. Se organiza en función de tres grandes tipos de acciones:

- el flujo de información;
- el flujo de materia;
- los datos cuantitativos.

Zonas de cartografía de un VSM

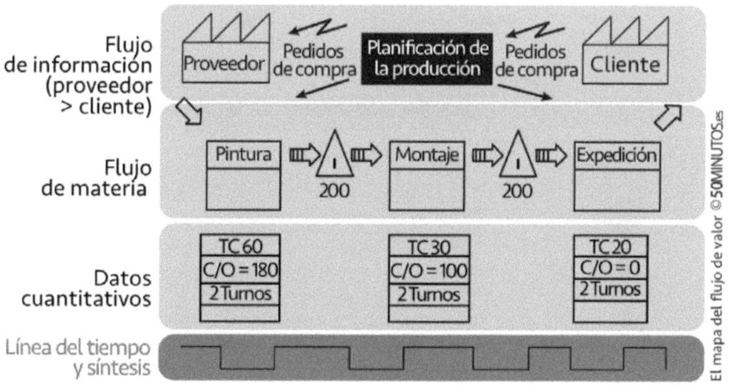

¿POR DÓNDE HAY QUE EMPEZAR?

El método implica las siguientes etapas:

- seguir el trayecto de la fabricación de un producto empezando por el cliente (una necesidad) y bajando hasta el proveedor;
- representar gráficamente cada acción a lo largo del flujo de materia y de información;

- preguntarse sobre los puntos clave y dibujar la futura cadena de valor.

Cadena de creación de valor de un producto

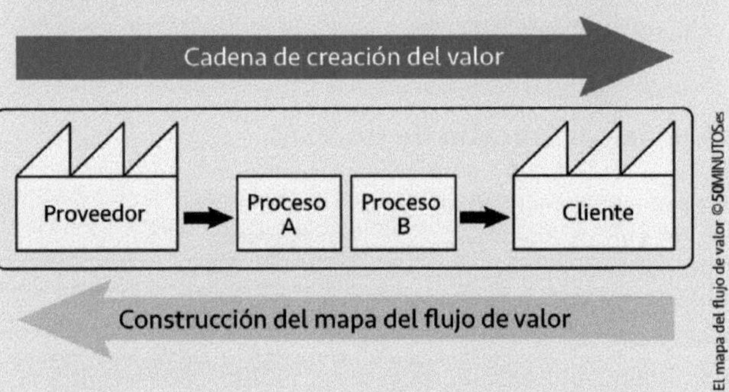

EL VSM Y SUS PICTOGRAMAS

Principales representaciones gráficas dibujadas en un VSM

Símbolos del proceso		
Pictograma	**Nombre**	**Descripción**
	Cliente/Proveedor	Fuente externa que corresponde a un proveedor (situado arriba a la izquierda) o a un cliente (situado arriba a la derecha).
	Proceso	Proceso con un operario (actualmente empleado) que puede aportar valor al producto (el nombre del proceso se sitúa normalmente en la barra superior; en cuanto a la función, se describe en el centro).
	Datos	Espacio de datos cuantitativos situado bajo otros pictogramas y que contiene informaciones necesarias para el análisis del sistema (*Processing Time, Lead Time, Change Over Time*, etc.).

Símbolos de información		
Pictograma	**Nombre**	**Descripción**
	Producción Kanban	Inicio de una producción de un número determinado de piezas.
	Batch Kanban	Batch (lote).
	Base de datos	Base de datos.
Información	Información	Campo de texto que incluye informaciones complementarias.

<table>
<tr><th colspan="3">Símbolos de material</th></tr>
<tr><th>Pictograma</th><th>Nombre</th><th>Descripción</th></tr>
<tr><td></td><td>Pull físico</td><td>Retirada física de material de un supermercado.</td></tr>
<tr><td></td><td>Entrega mediante camión</td><td>Entrega utilizando los servicios de transporte externos de un proveedor (se puede añadir información —en un cuadro de información— sobre la frecuencia de entrega debajo del icono).</td></tr>
<tr><td></td><td>Inventario</td><td>Existencias de materias primas o de productos acabados (se puede añadir información sobre el período de tiempo debajo del icono).</td></tr>
</table>

<table>
<tr><th colspan="3">Símbolos de material</th></tr>
<tr><th>Pictograma</th><th>Nombre</th><th>Descripción</th></tr>
<tr><td></td><td>Supermercado</td><td>Existencias de supermercado que contienen inventarios disponibles para el flujo de distribución (el cliente puede utilizarlo cuando sea necesario); el proceso siguiente ejecuta un pull (flujo de cantidad) en este inventario.</td></tr>
<tr><td></td><td>Flecha push</td><td>Flecha push (flujo de empuje) de información o de material de un proceso a otro; un proceso produce un bien independientemente de las necesidades posteriores.</td></tr>
<tr><td></td><td>Flecha pull</td><td>Flecha pull que indica una retirada pull (disminución de existencias que no tiene impacto en las operaciones previas) en los procesos precedentes.</td></tr>
</table>

<table>
<tr><td colspan="3" align="center">Símbolos de material</td></tr>
<tr><td align="center">Pictograma</td><td align="center">Nombre</td><td align="center">Descripción</td></tr>
<tr><td>—FIFO—→</td><td>Línea FIFO</td><td>Principio del first in, first out (primero en llegar, primero en marcharse).</td></tr>
<tr><td></td><td>Operario</td><td>Operario que, asociado a un proceso, indica la realización de todo o de una parte de las acciones del proceso.</td></tr>
<tr><td>OXOX</td><td>Nivelación de la carga</td><td>Medio empleado para interceptar lotes de mapas Kanban y nivelar su volumen en un periodo de tiempo determinado.</td></tr>
<tr><td></td><td>Teléfono</td><td>Información recogida por teléfono.</td></tr>
<tr><td></td><td>Estallido Kaizen</td><td>Necesidad de mejora en un punto específico del proceso que es crítico para alcanzar la cartografía del estado futuro.</td></tr>
<tr><td>——————→</td><td>Información manual</td><td>Flujo de información manual.</td></tr>
</table>

Símbolos de material		
Pictograma	Nombre	Descripción
	Información electrónica	Flujo de información electrónica (Internet, Intranet, intercambio de los datos informáticos —EDI—, etc.).
	Existencias de seguridad	Existencias reservadas para circunstancias particulares.
	Flecha de transporte o de movimiento de mercancías	Flujo de producto de un proveedor hacia un proceso o de un proceso hacia el cliente.
	Señal Kanban	Alerta que indica que el nivel de un inventario de supermercado entre dos procesos baja a un umbral de activación o por debajo de un cierto mínimo establecido previamente.

Símbolos de material		
Pictograma	**Nombre**	**Descripción**
	Segmento de tiempo	Tiempo con valor añadido (*processing times*) y sin valor añadido (*wait times*).
	Duración total	Fin del plazo de ejecución y resumen del conjunto de los tiempos con valor añadido y sin valor añadido.
	Reloj	Retraso o restricción de tiempo.
	Reelaboración	Iteraciones o necesidad de reelaboración.

EL VSM Y SUS VENTAJAS

El uso de un VSM presenta varias ventajas, puesto que la herramienta:

- ofrece una visión global simple y transversal de todo el proceso en cuestión;
- integra todas las informaciones necesarias para comprender de forma visual las dos categorías de flujos (materia e información);
- identifica las manifestaciones de desperdicio, así como

sus causas;

- armoniza el lenguaje utilizado para hablar de los procesos con la ayuda de pictogramas y reglas estandarizadas, lo que facilita el trabajo de los equipos (constatación, identificación de las zonas de mejora, argumentación de sus ideas, etc.).

Más ampliamente, el mapa del flujo de valor favorece la puesta en evidencia de la creación de valor y la resolución de problemas. Instala un diálogo eficiente, homogéneo y transversal entre los diferentes departamentos de una empresa y anima al desarrollo de una cultura de la perfección.

APLICACIÓN DEL CONCEPTO

BUENAS PRÁCTICAS — ETAPAS

El mapa del flujo de valor se inscribe en un planteamiento DMAIC (*Define, Measure, Analyze, Improve, Control*), puesto que la creación de un mapa no es un fin en sí mismo: no es más que la primera etapa de un estudio de mejora clásico de una cadena de valor.

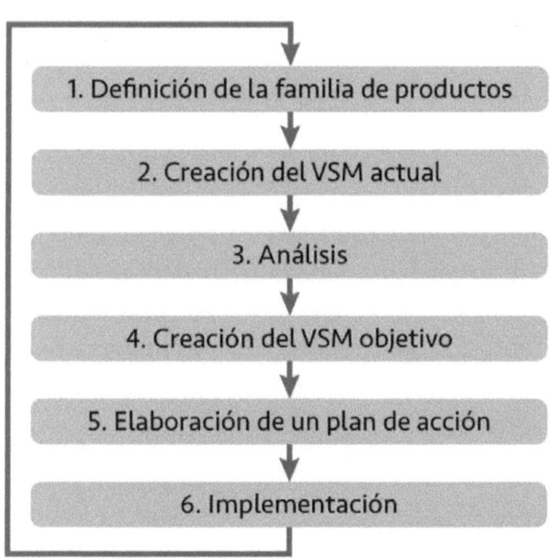

Etapa 1: definición de la familia de productos

Antes de emprender la realización propiamente dicha de un VSM, hay que elegir una familia de productos para analizarla. Puesto que las posibilidades de éxito de su proceso dependen de esta elección, se recomienda prestarle mucha atención.

Para detener un eje de trabajo, será necesario darse cuenta de los eventuales problemas actuales y de sus impactos: por ejemplo, utilizando el diagrama de Pareto (gráfica que representa la importancia de distintas causas de un fenómeno; el objetivo aquí es delimitar una zona de trabajo para llevar a cabo un VSM) o haciendo preguntas a los directivos de los distintos departamentos (por ejemplo, al responsable de producción o al director). Las principales preguntas que hay que plantearse son:

- ¿Qué volumen de negocios representa esta familia de productos?
- ¿Qué pérdidas han generado estos productos?
- ¿Qué posibilidades de éxito tiene un proceso VSM? (No hay que elegir un eje demasiado difícil ni demasiado fácil; no hay que realizar el análisis de toda la producción de la fábrica, ni tampoco únicamente el de un departamento demasiado simple)
- ¿Cuál es la estrategia de producción?

OBSERVACIÓN

No hay que sorprenderse si se nos pide que estudiemos el proceso de una familia de productos que genera un volumen de negocios bajo. Esta elección puede, efectivamente, resultar juiciosa si esta familia es la causante de grandes pérdidas.

Etapa 2: creación del VSM actual

Para construir una nueva versión mejorada del mapa que representa la cadena de valor de una familia de productos, antes de nada hay que hacerse una idea precisa de la situación actual y cartografiarla. ¿Cómo funcionamos actualmente? ¿Qué hace cada uno? ¿Cuánto tiempo se necesita para hacerlo? ¿Cómo nos comunicamos entre distintos departamentos? ¿Cuáles son las responsabilidades y especificidades de cada puesto que interviene en la cadena? Etc. Las distintas fases de la elaboración del mapa se retoman con detalle a continuación. En este momento, se trata de hacer un inventario de los flujos de materia y de información, de esforzarse para comprender el funcionamiento actual del taller o del departamento, de calcular el *Lead Time* y de determinar los desperdicios y sus causas.

- **Fase cero del dibujo — La preparación**
  - Empiece por observar las actividades de la fábrica o del departamento.
  - Recopile informaciones precisas y actualizadas de parte de la persona que desee disponer de este VSM. Si es necesario, proceda a tomar medidas en el terreno con la ayuda de un cronómetro, recorriendo el circuito de las materias primas y de la información.
  - Comience su itinerario por el cliente, avanzando por el proceso de fabricación. Haga una lista de los procesos con un vínculo más fuerte con el consumidor, para conocer lo que le es absolutamente útil.
  - Haga un croquis a mano en una hoja única (A3 o A4).
- **Primera fase del dibujo — El cliente**
  - Escriba la palabra «cliente» arriba a la derecha.

- **Segunda fase del dibujo — Los procesos de fabricación**
  - Utilice el pictograma «proceso» (la materia sometida a operaciones), y:
    - agrupe los puestos de trabajo que pertenecen a un solo proceso en el mismo icono;
    - mencione las informaciones importantes del proceso en la casilla de abajo —por ejemplo, el tiempo de ciclo (TC), el tiempo de valor añadido (TVA), el plazo de ejecución (PE), el tiempo de cambio de fabricación (TCF), el número de cada pieza cada hora (CPC), el tiempo de trabajo disponible (TTD), etc.—.
  - Utilice el pictograma «existencias».
- **Tercera fase del dibujo — El proveedor**
  - Escriba la palabra «proveedor» arriba a la izquierda.
  - Indique la frecuencia y el método de entrega (como información al lado del proveedor):
    - una flecha larga indica una entrega primaria entre dos fábricas;
    - un camión (barco, avión, etc.) indica el método de entrega utilizado.
- **Cuarta fase del dibujo — Las informaciones**
  - Trace una línea recta, si se trata de un flujo de información física (por ejemplo, de correo) o dibuje un relámpago si es electrónico.
  - Indique la frecuencia (de envío o de transmisión) en un recuadro al lado.
  - Especifique su modo (Internet, papel, etc.):
    - el modo de empujar, que se basa en la previsión de las necesidades del proceso posterior (*push*), a menudo hace que aparezcan existencias intermediarias

entre los procesos;

* el modo de jalar, que traduce una petición de producción del proceso posterior al proceso anterior (*pull*), reduce la cantidad de productos que se están produciendo.

- **Quinta fase del dibujo — La línea del tiempo**
  - Dibuje la línea debajo de las casillas de proceso de fabricación y de los pictogramas de existencias para calcular el plazo de producción, es decir, la suma de los plazos de ejecución (que corresponden al tiempo de tratamiento) y de los tiempos de almacenamiento.
- **Sexta fase del dibujo — La cartografía de la cadena de valor terminada**
  - Una vez se ha terminado el mapa del estado actual, comience a analizar y a observar las zonas de desperdicio, además de definir las mejoras posibles para construir el VSM del estado futuro que se desea alcanzar.

Etapa 3: análisis

Una vez se ha realizado esta etapa, convendrá a continuación analizar y observar en detalle los flujos de materia y los flujos de información, para darse cuenta de lo que se lleva a cabo de forma eficiente y de lo que, por el contrario, no funciona tan bien. Esta etapa, que es particularmente clave, saca a la luz los desperdicios y las oportunidades de mejora. Por consiguiente, intente implicar a las personas adecuadas: ya sean los responsables de los departamentos, los participantes en el proceso o los jefes de proyectos los que aseguren la transición, es necesario que se muestren abiertos a la mejora y al cambio.

Este ejercicio tiene que prepararse y presentarse correctamente, para no correr el riesgo de violentar a las personas cuya realización del proceso refleja, en parte, la forma en la que funcionan. Se trata de mostrarles que es posible mejorar la rentabilidad de su trabajo y crear más valor para su cliente, ya sea interno o externo. Como norma general, la simple consideración de los principales factores de mejora que detallamos a continuación ya influye en los resultados finales:

- producción calculada justo a tiempo (*Just in Time*);
- generalización de un flujo continuo allí donde sea posible para reducir las existencias, o incluso suprimirlas, o inserción de supermercados (existencias intermediarias gestionadas por lotes en Kanban);
- recopilación de todas las informaciones que se refieren al pedido del cliente en un único proceso (llamado «proceso *pace maker*») que dirige los otros procesos.

Etapa 4: creación del VSM objetivo

Con la ayuda de sus observaciones y de las medidas previstas, en esta etapa logrará un mapa que incluya las oportunidades de mejora identificadas previamente. El objetivo final del VSM objetivo es reducir el tiempo sin valor añadido para que su tiempo de trayectoria coincida tanto como sea posible con el tiempo con valor añadido. De forma general, el tiempo que hace falta para la elaboración del mapa actual y del VSM objetivo se encuentra alrededor de los 3 y 5 días de trabajo.

Etapa 5: elaboración de un plan de acción

Para cada cambio, el equipo encargado del proyecto organizará un plan de acción. Será importante cuantificar los beneficios y las soluciones (costes/recursos) asociados para convencer a la dirección del lanzamiento de las acciones planeadas, para que sean validadas. La aplicación del plan de acción puede llevar varios meses, o incluso varios años.

Etapa 6: implementación

Una vez se ha validado el presupuesto, se ha controlado la gestión del riesgo y se ha detenido la organización, es el momento de proceder a la implementación. Esto incluye el desarrollo, la aceptación, la formación de los empleados y la gestión del cambio.

RECOMENDACIONES

Entre los puntos a los que hay que prestar atención, recomendamos dos grandes ejes de consejos: la organización del equipo y la metodología.

Consejos de organización	Consejos metodológicos

• Organice un equipo de proyecto pluridisciplinar: basta con un grupo de 6 a 8 personas. Para que la dinámica de grupo sea eficiente, privilegie un reparto 1/3, 1/3, 1/3, como se describe a continuación:
  ○ 1/3 de usuarios (personas que conocen el tema)
  ○ 1/3 de clientes (internos o externos, pero que perciben el valor añadido)
  ○ 1/3 de «nuevas miradas» (jefe de proyectos, otros departamentos, directivos).
• No haga este ejercicio solo en un rincón. Hay que implicar al personal de operaciones. No debe ser un procedimiento directivo; hay que explicar el proceso, hacer participar a los operarios.
• No deje que únicamente se encarguen del proyecto los consultores externos: aproveche la oportunidad para desarrollar competencias en interno. Existen programas de desarrollo individual (formaciones) sobre el Lean, que constituyen ejemplos de inversión en el personal. Los directivos y los trabajadores de recursos humanos tienen que sensibilizar y convencer a la dirección para que favorezca el *Lean Thinking* (que aumenta la participación activa de los trabajadores en el plano del análisis, de la detección y del mantenimiento de los buenos procesos; y que se inscribe en una lógica de mejora continua).
	• Cuidado con las prioridades. Seleccione, por ejemplo, la buena familia de productos para su ejercicio.
	• No lo haga todo al mismo tiempo. Opte por una prueba piloto cuyos resultados serán los motores para la verdadera obra final.
	• Dibuje la cartografía de las etapas ideales. Atrévase a mostrar todas las oportunidades y solamente después valide aquellas en las que se compromete a trabajar en un primer tiempo.
	• Simplifique para mantener solamente lo que es esencial.
	• Repase periódicamente.

Si no se comprende correctamente, el VSM resultará una pérdida de tiempo.

ESTUDIO DE CASO

Nos interesamos por la construcción del mapa VSM de la situación actual de la empresa ficticia Laforêt SPRL, que crea muebles. La familia de productos que estudiamos para este ejercicio es la de los taburetes.

Primera fase del dibujo — El cliente

- El cliente se coloca arriba a la derecha.

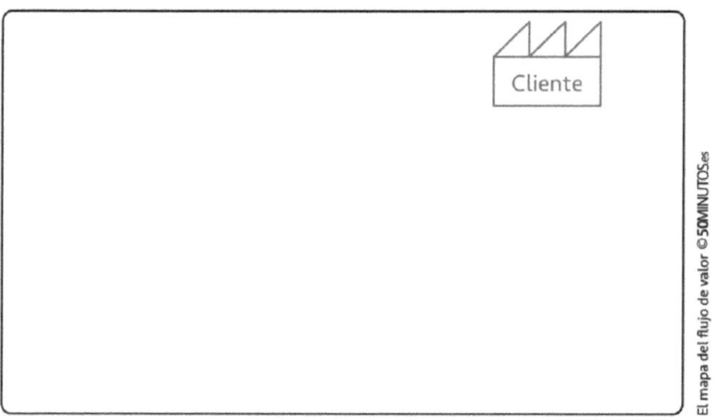

Segunda fase del dibujo — Los procesos de fabricación

- Se describen cuatro procesos: la pintura, el montaje, el

embalaje y la expedición.

- Para cada proceso, se retoman los puestos de trabajo y las informaciones importantes (tiempo de ciclo, *change over* o modificación de los parámetros de una máquina para producir otro producto, turnos, etc.).
- Las existencias intermediarias para cada etapa normalmente están representadas en ella.

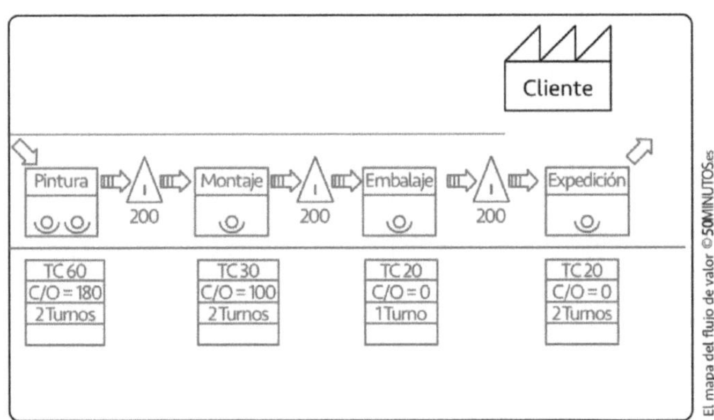

Tercera fase del dibujo — El proveedor

- El proveedor se dibuja arriba a la izquierda.
- La entrega semanal se realiza por camión.

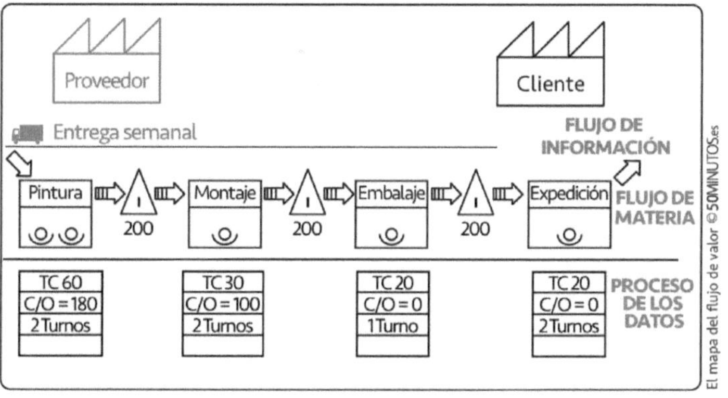

Cuarta fase del dibujo — Las informaciones

- Las previsiones semanales de las peticiones las envía el cliente a la empresa por correo electrónico.
- Los pedidos de compras se le mandan al proveedor por fax.
- La planificación de la semana se distribuye a cada puesto interno de la empresa.
- Los flujos de informaciones y los flujos físicos (o de material) se representan entonces de forma óptima.

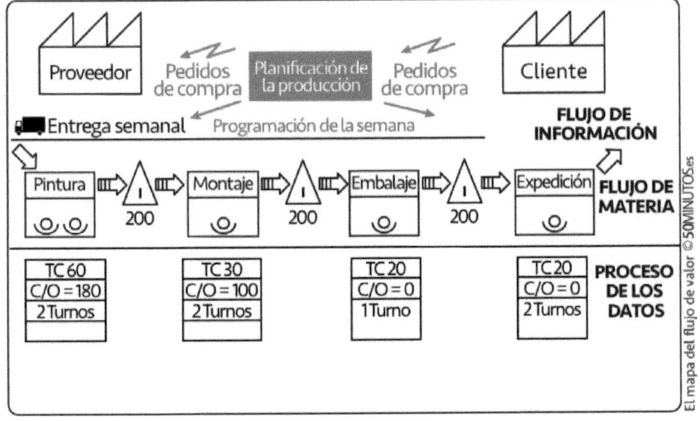

Quinta fase del dibujo — La línea del tiempo

- Se añade una línea del tiempo debajo de las casillas de proceso de fabricación y de los pictogramas de existencias.
- El proceso requiere un tiempo de producción de 19 días y un tiempo de tratamiento de 365 segundos.

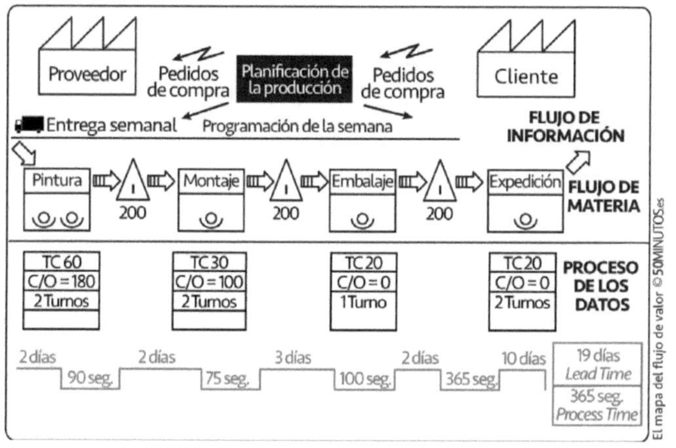

Sexta fase del dibujo — La cartografía de la cadena de valor terminada

La cartografía del estado actual, por lo tanto, está acabada. En este momento, se trata de analizar, de observar las zonas de desperdicios y de definir las posibles mejoras. Podemos nombrar las fuentes de mejora siguientes haciéndolas figurar en el gráfico que permitirá preparar la cartografía del estado objetivo:

- basarse en los pedidos semanales de los clientes en vez de en previsiones;
- crear un sistema *pull* en materia de la planificación de producción;
- crear un supermercado justo antes del inicio de la actividad de pintura;
- eliminar los residuos en relación con la pintura;
- combinar los procesos de embalaje y de expedición.

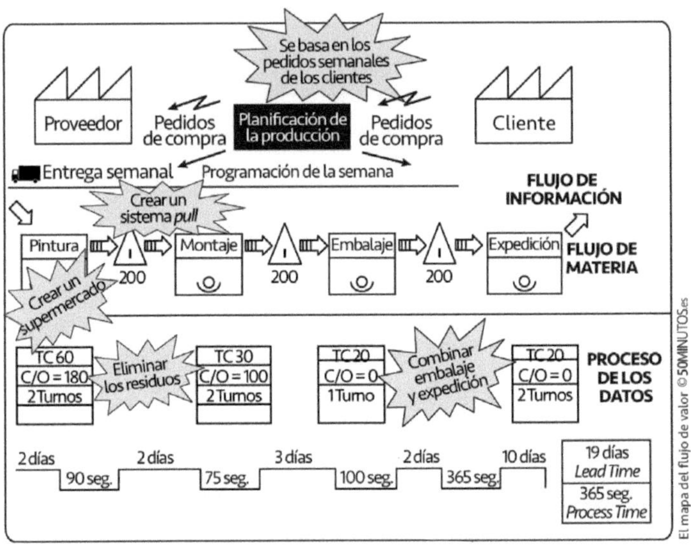

Proveedor
Pedidos de compra
Planificación de la producción
Se basa en los pedidos semanales de los clientes
Pedidos de compra
Cliente
Entrega semanal
Programación de la semana
FLUJO DE INFORMACIÓN
Crear un sistema pull
Pintura
200
Montaje
200
Embalaje
200
Expedición
FLUJO DE MATERIA
Crear un supermercado
TC 60
C/O = 180
2 Turnos
Eliminar los residuos
TC 30
C/O = 100
2 Turnos
TC 20
C/O = 0
1 Turno
Combinar embalaje y expedición
TC 20
C/O = 0
2 Turnos
PROCESO DE LOS DATOS
2 días
90 seg.
2 días
75 seg.
3 días
100 seg.
2 días
365 seg.
10 días
19 días Lead Time
365 seg. Process Time
El mapa del flujo de valor © 50MINUTOS.es

REPERCUSIONES

LÍMITES Y CRÍTICAS DEL CONCEPTO

El VSM, aunque cuenta con numerosas ventajas, presenta también algunos límites.

- **Errores posibles en la elaboración de la cartografía.**
  - Los errores pueden colarse en la mala recopilación, retranscripción o análisis de los datos. Para evitarlo, recurra a expertos con puntos de vista objetivos, y a grupos multidisciplinares.
  - Preste siempre atención al marco analizado, ya que algunos procesos no precisan revisión.
- **No es más que una herramienta.** Un VSM no es un fin en sí mismo; revela los fallos de la empresa, ayuda a la reflexión y, sobre todo, debe llevar a la acción. Un análisis sin la implementación de un plan de acción no serviría para nada. Así pues, intente no caer en la parálisis del análisis. Además, aunque distintas iniciativas trabajan en los temas *Lean*, siempre se recomienda coordinarlas bien para sacar la mejor ventaja posible de todos los proyectos.
- **Dimensión humana y social descuidada.** Esta herramienta técnica solamente trata los aspectos físicos, las interacciones y la gestión de los flujos. No integra las dimensiones sociales, humanas y organizativas (que, sin embargo, son muy importantes en un proyecto *lean*). Esta tendencia todavía está más marcada en el sector industrial, donde los managers desarrollan una sensibilidad técnica, pero donde se interesan por los problemas

humanos de forma menos natural.

- **Uso restrictivo de símbolos estandarizados.** Los símbolos existentes pueden frenar la búsqueda de soluciones innovadoras. Sin embargo, la necesidad de innovación se vuelve cada vez más palpable en las empresas que buscan seguir siendo competitivas.

EXTENSIONES Y MODELOS CONEXOS

DMAIC

El modelo DMAIC (*Define, Measure, Analyze, Improve, Control*) es un planteamiento estructurado que permite resolver los problemas. En efecto, proporciona una base de trabajo en cinco etapas para el equipo de mejora continua. En este potente método de gestión de proyecto *lean*, la fase *Define* es clave.

- Definir (*Define*): identificación del objeto del estudio y descripción del objetivo del trabajo que el equipo tiene que alcanzar.
- Medir (*Measure*): recopilación de información para completar la cartografía de los procesos y definición de los indicadores de rendimiento para seguir el proyecto de forma eficaz.
- Analizar (*Analyze*): identificación de las causas de los fallos y análisis de sus fuentes.
- Mejorar (*Improve*): propuesta de soluciones, planificación de acciones, implementación de las medidas elegidas.
- Controlar (*Control*): comparación de los efectos esperados y de los resultados obtenidos tras la implementación de las soluciones, comunicación sobre el proyecto,

balance para obtener las conclusiones.

Lean Manufacturing

Para alcanzar resultados concluyentes con este famoso método de eliminación del desperdicio, se necesita una cierta cantidad de inteligencia colectiva: los equipos que trabajan en este proyecto *lean* deben mostrarse motivados, coordinados y determinados a encontrar soluciones. Los cinco fundamentos son:

- la definición del valor añadido desde la visión del cliente;
- la identificación de la cadena de valor con respecto a las distintas etapas de fabricación;
- una atención particular a la salida de los flujos, velando por que las etapas con valor añadido no se detengan;
- la producción en flujo de jalar privilegiando las peticiones de los clientes, más que las previsiones;
- la perfección, fijando objetivos ambiciosos e introduciendo una dinámica de mejora continua.

El enfoque *Kaizen*

El *Kaizen* es un proceso de «mejora continua» (traducción japonesa de su nombre) basado en pequeñas mejoras que se llevan a cabo de forma cotidiana, siempre que todas las personas del proceso en cuestión estén implicadas y hagan los esfuerzos necesarios.

Una obra *Kaizen* no es muy espectacular, puesto que se hace poco a poco, pero a menudo resulta mucho más eficaz a largo plazo. Podemos oponerla a la innovación que requiere fuertes inversiones e implica un cambio brutal.

El diagrama SIPOC

Esta herramienta de modelización dibuja un cuadro sinté-
tico del funcionamiento macro de un proceso determinado.
Una vez esbozado, el diagrama SIPOC —*Suppliers* (proveedores), *Inputs* (entradas), *Process* (procesos), *Outputs* (salidas),
Customers (clientes)— permite definir las fronteras del ma-
croproceso, resumir las entradas y las salidas e identificar a
los proveedores y a los clientes. Sin embargo, hay que ir con
cuidado, porque en él solamente se representan los flujos
de materia.

EN RESUMEN

- La herramienta VSM se ha impuesto como herramienta clave del *lean*. Este método está destinado a detectar, para una familia de productos dados, las fuentes de desperdicio en la cadena de valor.
- El VSM se extiende hoy a todos los ámbitos de la industria, puesto que responde a la voluntad universal y en aumento de reducción de los costes de producción.
- Empezar una transformación *lean* por un VSM es una buena idea. Hay que conocer al mismo tiempo las distintas etapas pero también las buenas prácticas para asegurarse de que se tiene una visión clara de los procesos que forman una empresa.
- El proceso VSM actual y VSM objetivo es un método de mejora continua. Este método no solamente se utiliza para describir el estado actual, sino también para imaginar y establecer un estado futuro más eficaz, más reactivo, más coordinado y con menor coste. La cartografía de los flujos de información y de material permite jugar en dos frentes: la reducción de los desperdicios y la mejora de las condiciones de trabajo.
- El contexto de la organización alrededor del proyecto es primordial para asegurar su éxito. Equipos pluridisciplinares, incluyendo a personas tan próximas del terreno como sea posible, constituyen un factor clave, así como el firme compromiso de la dirección en esta voluntad de transformación.
- Finalmente, también es importante conocer los límites de este método: el VSM no se detiene en el análisis de los

aspectos social, psicológico y organizativo, por ejemplo.
- Su facilidad de uso, junto con su enorme eficacia para despertar la reflexión entre los empleados, hace que este método sea uno de los más extendidos.

PARA IR MÁS ALLÁ

FUENTES BIBLIOGRÁFICAS

- Davis, John. 2006. *Lean Manufacturing*. Nueva York: Industrial Press.
- Fouque, Florent. 2009. *À la découverte du Lean Six Sigma*. París: Édition Fouque.
- Hohmann, Christian. "Lean Entreprise". *Christian. Hohmann.fr*. Consultado el 19 de diciembre de 2016. http://christian.hohmann.free.fr/index.php/lean-entreprise
- Hohmann, Christian. 2009. *Techniques de productivité. Comment gagner des points de performance pour les managers et les encadrants*. París: Eyrolles.
- Lean Enterprise Institute, "What is Lean?". Consultado el 19 de diciembre de 2016. http://www.lean.org/whatslean
- Ohno, Taiichi. 1988. *Toyota Production System: Beyond Large-Scale Production*. Nueva York: Productivity Press.
- Porter, Michael E. 1985. *Competitive Advantage. Creating and Sustaining Superior Performance*. Nueva York: Free Press.
- Rother, Mike y John Shook. 1999. *Learning to See*. Nueva York: Productivity Press.
- Womack, James P. y Daniel T. Jones. 1996. *Lean Thinking*. Estados Unidos: Free Press.
- Subramaniam, Anad. 2010. "VSM – Current and Future. How to Maximize the overall flow?". *Slideshare.net*. 22 de julio. Consultado el 19 de diciembre de 2016. http://fr.slideshare.net/anandsubramaniam/vsm-current-future

FUENTES COMPLEMENTARIAS

- Conceptdraw, "Value Stream Mapping". Consultado el 19 de diciembre de 2016. http://conceptdraw.com/samples/quality-VSM
- Marris Consulting. Consultado el 19 de diciembre de 2016. http://www.marris-consulting.com
- Strategos. Consultado el 19 de diciembre de 2016. http://www.strategosinc.com

VÍDEOS

- "Value Stream Mapping: Case Studies", vídeo en YouTube, publicado por "The Karen Martin Group", 28 de marzo de 2014, https://youtu.be/ZPNq5k24vgY

en50MINUTOS.es
Historia
Economía y empresa
Coaching
Book Review
Salud y bienestar
EL DIAGRAMA DE ISHIKAWA
Material Método Máquina
Madre Naturaleza Medida Hombres
LA GUERRA DE PALESTINA DE 1948
DOMINA EL ARTE DEL NETWORKING
¡APRENDER NUNCA ANTES FUE TAN RÁPIDO!
www.en50minutos.es